JEANNE RULAND

WÜNSCHE & Visionen

60 Impuls-Karten für Manifestation, Intuition und Schöpferkraft

Anleitung zu den 60 Karten

Widmung

Dieses Visionskartenset widme ich den großartigen schöpferischen und lichtvollen Kräften, die dem Herzen eines jeden Menschen innewohnen. Mögen wir sie jeder für sich und gemeinsam sinnvoll anwenden, um die goldene Ära des Friedens auf Erden einzuläuten. Möge Frieden sein auf Erden. Frieden über alle Grenzen. Mögen alle Wesen und alle Welten glücklich sein.

Einleitung

Die Welt ist das, wofür wir sie halten. Wir sind Schöpfer unserer Realität. Wir sind das Licht in dieser Welt und tragen unbegrenzte kreative und gestalterische Kräfte in uns. Mit der richtigen Schulung und Anwendung dieser können wir ein glückliches Leben erfahren und den Plan, nach dem wir angetreten sind, vollständig erfüllen.

Es gibt nicht nur einen Weg, sondern eine unbegrenzte Fülle von Wegen, sein Leben glücklich zu gestalten und seine schöpferischen und kreativen Kräfte einzusetzen, um Visionen und Wünsche zu erfüllen. Diese Karten ermöglichen einen vielfältigen Einblick in eine positive und kraftvolle Lebensgestaltung. Sie zeigen verschiedene

Blickwinkel und Perspektiven auf und helfen, mit spielerischer Leichtigkeit neue Felder zu erkunden und unsere eigenen Erfahrungen zu machen. Einiges wird dich sofort ansprechen, anderes wird dir vielleicht nicht so zugänglich sein. Es ist wunderbar, aus einer Fülle von Möglichkeiten wählen zu können und zu fühlen, was dir zusagt und deinem Weg entspricht und was nicht.

Achte auf Folgendes:

- Auf welches Thema reagiert mein Körper positiv?
- Was will mein Herz?
- Welches Thema geht sofort mit mir in Resonanz?
- Was ist mein Beitrag in der Welt?

Die Karten mögen dir allzeit helfen, dich auszurichten, dich zu erinnern und die schöpferischen Kräfte in dir anzuregen. Mögen sie eine Quelle der Inspiration für dich sein und dich auf dem Weg der Wunscherfüllung hilfreich begleiten.

Viel Freude in der Erkundung und Anwendung deiner schöpferischen Kräfte. Mögest du ein erfüllendes Leben erschaffen, in Frieden, Güte, Kreativität, Gesundheit, Glück, Liebe und Partnerschaft, Wohlstand und Fülle.

Anwendung der Karten

Du kannst die Karten für dich selbst ziehen, für eine Lebenssituation, in der energetischen Arbeit mit Gruppen und immer dann, wenn dir diese Karten in den Sinn kommen.

Zur **Vorbereitung** entzünde eine Kerze, um dich auf dein Anliegen einzustimmen. Nimm die Karten in deine linke Hand (sie kommt von Herzen), und halte sie an dein Herz. Heiße die Karten mit ihren lichtvollen Botschaften auf deine Weise willkommen, z. B. mit den Worten: »Ich danke und bitte um Hilfe und Unterstützung, mein derzeitiges Thema zu erkennen, zu beantworten und in die Hände des göttlichen Lichts zu geben.« Sprich dein Anliegen in die Karten. Du kannst sie dafür dicht an deinen Mund halten und deinen Wunsch bzw. dein Anliegen in sie hineinflüstern. Mische anschließend die Karten. Wenn dabei eine einzelne aus dem Deck fällt, so ist dies eine Botschaft des Kosmos an dich. Breite dann die Karten wie einen Fächer aus. Vertraue auf deine Intuition, und achte auf die Zeichen: Wenn du mit deinen Händen über die aufgefächerten Karten gehst und Wärme, ein Kribbeln, einen Energiestrom oder ein Stopp fühlst, so ruft dich diese Karte.

Die Karten können dich als **Tageskarte,** als **Wochenkarte** oder über einen anderen, von dir gewählten Zeitraum begleiten. Stelle sie an einem Platz deiner Wahl gut sichtbar auf, und lasse sie im Laufe des Tages immer wieder auf dich wirken. Ich stelle die Karten gern an meinen Arbeitsplatz und ziehe sie immer dann, wenn ich einen lichtvollen Impuls meiner schöpferischen Kräfte brauche.

Du kannst auch je eine **Karte für Vergangenheit, Gegenwart und Zukunft** ziehen. Bilde dafür drei Stapel, und wähle aus jedem Stapel eine Karte aus. Im Gesamtbild ermöglicht sich oft ein tiefer Blick in die Seele. Die Karten können auch in anderer Form in Kombination angewendet werden und auf diese Weise ganz neue Räume und Möglichkeiten eröffnen. Im Zusammenspiel von zwei bis drei Karten ergeben sich unerwartete Botschaften.

Tipp: Wenn du die Karten an andere Menschen weitergereicht oder sie in Gruppen verwendet hast, so ist es empfehlenswert, sie nach der Anwendung wieder an dein Herz zu nehmen und dich mit ihnen zu verbinden. Du kannst symbolisch für die Reinigung kräftig über die Karten pusten oder dreimal auf sie klopfen und dir dabei vorstellen, wie alles, was noch in den Karten hängt, sich löst und verfliegt. Dann kannst du sie noch einmal an dein Herz halten, dich bedanken und die Karten segnen.

Weitere Anwendungsmöglichkeiten

Einige Karten gehören thematisch zueinander und können dir Einblick in verschiedene Bereiche deines Lebens geben. Sortiere die Karten dafür folgendermaßen.

Chakras

Die Chakras sind runde, sich drehende Energiezentren, die kontinuierlich Energie aus dem Universum anziehen. Sie verbinden den physischen mit den feinstofflichen Körpern des Menschen und sind in einer senkrechten Achse in der Mitte des Körpers angeordnet. Jedes Chakra steht für einen bestimmten Lebensbereich. Wenn die Chakras gleichmäßig und kraftvoll arbeiten, haben wir mehr als genug Energie aus dem Universum zur Verfügung, um weitere Energie für die Verwirklichung unseres Wunsches anzuziehen.

Suche dir folgende Chakrakarten aus dem Set: Drittes Auge (7), Erdenstern (11), Wurzelchakra (56), Sakralchakra (44), Solarplexus (48), Herzchakra (25), Kehlchakra (29), Kronenchakra (33) und Himmelsstern (27). Lege die Karten verdeckt vor dich, und ziehe drei für folgende Fragen:

- Welches Chakra blockiert die Wunscherfüllung?
- Welches Chakra unterstützt die Wunscherfüllung?
- Welches Chakra darf ausbalanciert werden?

Arbeite mit deinen Chakras, indem du dich auf sie konzentrierst. Halte deine Hand über das betreffende Chakra, und frage dich: Zu wie viel Prozent arbeitet das Chakra auf einer Skala von 1–100 %? Nimm die Antwort intuitiv wahr. Verbinde dich mit deinen Engeln, und bitte sie, das Licht deiner Chakras zu reinigen und wieder in den Energiefluss zu bringen. Du kannst anschließend nochmals die Hände über das Chakra legen und nachfühlen auf einer Skala von 1–100 %, ob sich dein Energielevel verändert hat.

Selbst

Wir haben drei Ebenen des Bewusstseins in uns. Wenn wir in einem guten Kontakt mit uns selbst, mit unserer dreifaltigen Gestalt, sind, können sich Wünsche und Visionen in schlafwandlerischer Sicherheit mühelos erfüllen.

Wähle folgende vier Karten aus dem Set: Hohes Selbst (28), Mittleres Selbst (39), Kraft des Unterbewussten (31), Lichtvolle Ahnen (36). Mische sie, und lege sie verdeckt vor dich. Frage dich nun:

- Welche Kraft blockiert mich?
- Welche Kraft unterstützt mich?
- Mit welcher Kraft sollte ich intensiver arbeiten und wirken?

Wähle je eine der vier Karten. Sie ist deine Antwort!

Fünf-Körper-Prinzip

Wir haben neben dem physischen Körper verschiedene feinstoffliche Körper, über die wir mit unserem Energie- und Chakrasystem verbunden sind. Sie entsprechen den Elementen Feuer, Erde, Wasser, Luft und Äther. Wenn sie im Einklang schwingen, können sich Visionen und Wünsche leicht erfüllen. Indem du alle Elemente beachtest, unterstützt du die höchstmögliche Visionsverwirklichung.

Wähle aus dem Kartendeck folgende sechs Karten: Physischer Körper (42) – Erde; Energiekörper (9) – Feuer; Emotionalkörper (8) – Wasser; Mentalkörper (37) – Luft; Lichtkörper (34) – Äther sowie Unterbewusstsein (51) – Speicher. Mische sie, und lege sie verdeckt vor dich. Frage dich:

- Welcher Körper blockiert die Vision?
- Welcher Körper unterstützt die Vision?
- Welcher Körper darf beachtet/ausbalanciert werden?

Wähle je eine der vier Karten. Sie ist deine Antwort!

Tipp: Du kannst die eben genannten Karten auch in Form von Metatrons Würfel legen und dich fragen:

- Was fühlt mein Physischer Körper bzgl. der Vision?
- Was fühlt mein Emotionalkörper bzgl. der Vision?
- usw ...

Spüre die Antworten intuitiv.

Zahlen

Die Karten sind nummeriert. Du kannst daher deine Karte auch mittels einer Zahl auswählen. Wähle dafür intuitiv eine Zahl zwischen 1 und 60, und sieh dir die entsprechende Karte an. Oder wähle mehrere Karten entsprechend deines Geburtsdatums, z.B. 23.04.1999: Karte 23, Karte 4, Karte 19, Karte 9 (2x).

Danke

Ich danke meinen Spirits, die mich immer wieder zu neuen Themen und Ufern führen im Einklang mit der Zeitqualität und dem göttlichen Plan. Ich danke von ganzem Herzen dem Schirner Verlag und allen Mitwirkenden, die an diesem Kartenset beteiligt waren. Ich danke euch, den lieben Lesern und Anwendern dieses Kartensets, für eure Treue und euer Feedback zu den Karten.

Wenn du meine Arbeit magst, so hinterlasse ein Feedback auf www.shantila.de, oder folge mir auf Instagram und Facebook. Weitere Bücher von mir findest du hier: www.schirner.com

In Liebe und Verbundenheit, Jeanne Ruland

Die Autorin

Jeanne Ruland ist Autorin, Wegbereiterin, Engelmedium, Lehrerin und Seminarleiterin. Sie unterrichtet Natur-, Engel-, Meister- und Strahlenlehre, Huna sowie die Lehre der Heiligen Geometrie. Ihr fundiertes Wissen und ihre langjährige Erfahrung in der Energiearbeit gibt sie gern weiter, um zu erinnern und zu erwecken. Zudem bietet sie Reisen zu Kraftorten an. | *www.shantila.de*

Bildnachweis

Bilder der Bilddatenbank www.shutterstock.com:
Box: #665578489 (yaalan), #539073022 (Nuk2013), #144072169 (Peter Hermes Furian); ***Leporello:*** #144072169 (Peter Hermes Furian); ***Karten:*** *Hintergünde:* #153152849 (Atelier M), #665578489 (yaalan), #691682524 (StarLine), #144072169 (Peter Hermes Furian); *Kartenmotive:* 4. Ausstrahlung #36204571 ((© Ollyy), 5. Bewusstseinsklärung #95751340 (gornostay), 7. Drittes Auge #138800666 (Blend Images), 10. Engel der Wunscherfüllung #100644574 (lunamarina), 12. Farben der Wunscherfüllung #714152803 (mim.girl), 14. Feenzauber & Sternenstaub #141232369 (kaisorn), 17. Fürbitte #176472197 (BobNoah), 18. Gebet für Gesundheit #177272813 (B-D-S Piotr Marcinski), 20. Geduld & Ausdauer #163428020 (mycteria), 24. Herkunftsfamilie #177574871 (Sergey Nivens), 28. Hohes Selbst #104093879 (Galushko Sergey), 29. Kehlchakra #116946712 (Petar Paunchev), 31. Kraft des Unterbewussten #267759764 (Alones), 35. Lichtsamen #270038441 (Gajus), 40. Mondzyklen #492416668 (Arlo Magicman), 43. Resonanz #100184282 (agsandrew), 45. Schatzkammer im Inneren #196657658 (Pitsanu Kraichana), 46. Schweigen, hüten, bewahren #69952891 (Petrenko Andriy), 49. Synchronisation #171340034 (William Perugini), 50. Träume #110217512 (Ermolaev Alexander), 56. Wurzelchakra #383488261 (PHOTO-CREO Michal Bednarek), 60. Zielcollage #55672735 (VVSV), #71789842 (little-Whale), #90349234 (Woodhouse), #82934515 (Woodhouse)

Bilder von ©Jeanne Ruland und ©Murat Karaçay
Leporello: Metatrons Würfel; ***Karten:*** 1. Affirmation, 2. Afformation, 3. Aktion, 6. Dankbarkeit, 8. Emotionalkörper, 9. Energiekörper, 11. Erdenstern, 13. Feen- & Wunschbäume, 15. Flow, 16. Frequenzanhebung, 19. Gedankenkontrolle, 21. Gefühl & Emotion, 23. Gesetz der Anziehung, 25. Herzchakra, 26. Herzens- vs. Egowünsche, 27. Himmelsstern, 30. Konzentration, 32. Kraftort, 33. Kronenchakra, 34. Lichtkörper, 36. Lichtvolle Ahnen, 37. Mentalkörper, 38. Metatrons Würfel, 39. Mittleres Selbst, 41. Offenbarung, 42. Physischer Körper, 44. Sakralchakra, 47. Segen, 48. Solarplexus, 51. Unterbewusstsein, 52. Violettes Feuer, 53. Wunder wirkende Gebete, 54. Wunscherfüllung, 55. Wunschformulierung, 57. Zeichen, 58. Zentrum, 59. Zielausrichtung

Bild von ©Heidi Schirner
Karte: 22. Geplatzte Träume

ISBN 978-3-8434-9134-1

Jeanne Ruland
Wünsche & Visionen
60 Impuls-Karten für Manifestation,
Intuition und Schöpferkraft

3. Auflage Februar 2022

Box, Karten & Anleitung: Elena Lebsack, Schirner,
unter Verwendung von Bildern von
www.shutterstock.com (siehe Bildnachweis)
Lektorat: Kerstin Noack & Natalie Köhler, Schirner
Printed & bound by: Ren Medien GmbH, Germany

www.schirner.com